KB059447

커플 다이어리
어느 평범한 사랑 이야기

김보미

고려대학교 국어국문학과, 성균관대학교 번역테솔대학원을 졸업했다. 현재 번역 에이전시 엔터스코리아에서 전문 번역가로 활동하고 있다.

『대화의 기술: 공격적이지 않으면서 단호하게 나를 표현하는 전 세계 수백만 독자가 선택한 대화법 교과서』『페르갈, 동생이 생긴 걸 축하해』『뚝딱 접어요! 사파리 종이접기』『원하는 인생으로 점프하라(공역)』『나만의 산 체험하기』『십 대의 손으로 정의로운 사회 만들기 : 오해를 풀고, 다툼을 끝내며, 전쟁의 상처까지 치유하는 힘 회복적 정의』『모든 것이 되는 법 : 꿈이 너무 많은 당신을 위한 새로운 삶의 방식』『세계 동물 지도』『보이지 않는 영향력 : 대중은 왜 그런 선택을 했는가』『사랑 끌림의 심리학: 행복한 남녀관계를 위한 실용적인 안내서』『해결중심치료로 상처 치유하기』『책돈, 피, 혁명(공역)』『비즈니스는 유대인처럼』(공역)『다니고 싶은 회사 만들기』(공역) 등을 옮겼다.

A YEAR OF US by Alicia Munoz
Copyright © 2019 Callisto Publishing LLC
First Published in English by Callisto Publishing LLC
Korean translation copyright © 2024 Vision B&P
This Korean translation edition published by arrangement with Callisto Publishing LLC through LENA Agency, Seoul.
All rights reserved.

커플
다이어리

어느 평범한 사랑 이야기

couple diary

알리시아 무뇨즈 지음

김보미 옮김

애플북스

과거, 현재, 그리고 미래의 나와 함께
질문을 해 나갈 영원한 탐험 파트너인
마이크에게

소개글

이 질문들은 당신을 파트너와 함께 서로의 호기심을 깨우고, 서로를 탐험하며, 서로를 나눌 수 있는 세계로 초대합니다. 한 가지 질문을 통해 기억과 희망, 생각, 꿈, 시각, 좋아하는 것, 상상 들을 나누며, 서로의 **본질**에 가까워질 것입니다. **나**라는 개인을 더 잘 인식하고, 더 바람직한 **우리**가 될 수 있도록 서로에게 집중할 수 있을 것입니다.

서로를 알아가는 중이라면, 그 여정에 이 질문들이 도움을 줄 것입니다. 이미 서로를 잘 알고 있다면 이 질문들은 두 사람에게 일상적인 접점을 제공하여 유대감을 높이도록 도와줄 것입니다. 두 사람의 관계가 어느 단계에 있든, 이 책은 커플이 무의미한 방어적 태도, 혹은 반대로 지나치게 상호의존적인 습관을 조심하며, 지속적인 행복을 만들어갈 수 있도록 해 줄 것입니다.

질문 하나하나는 자아 성찰을 부르고 상상력을 일깨우며 호기심과 놀이의 감각을 불러일으키도록 고심 끝에 만들어졌습니다. 질문 뒤에 간단한 답변이나 메모를 적어보세요. 간단한 키워드 만으로도 질문과 함께 어떤 시간을 보냈는지 기억하기 충분할 것입니다.

질문은 다양한 방법으로 활용할 수 있습니다. 예를 들어, 여러 색의 펜을 사용하여 노트를 구분하거나 질문하는 사람과 대답하는 사람을 교대로 바꿔가며 진행할 수도 있습니다. 유난히 바쁜 날에는 각자 답변을 작성한 다음 언제든 편한 시간에 함께 나누는 것도 괜찮습니다. 여러분이 질문을 어떻게 사용하든, 이 책의 목표는 단순히 질문하는 것을 넘어 서로 대화하고 더 가까워지도록 이끄는 것입니다. 질문들은 단순한 도구입니다. 상대방과 가볍게 생각을 나누고 웃으며 서로를 더 깊게 이해하고 존중할 수 있도록 여러분을 안내하고 장려할 것입니다.

EASY는 서로 많은 정보가 필요치 않은, 혹은 즉각 답할 수 있는 캐주얼한 질문들로 구성했습니다. **STEADY**는 한창 관계를 발전시키는 단계에 도움이 될 만한 질문들입니다. 어떤 생각과 어떤 사고방식과 어떤 도덕적 기준을 가지고 있는지, 때

로는 어떤 성적 취향과 판타지가 있는지 공유하는데 도움이 될 것입니다. DEEP은 글자 그대로 조금 더 깊은 관계를 위한 질문들로 구성되어 있습니다. 모든 질문들은 꼭 순서대로 답할 필요는 없습니다. 오래된 연인이 가벼운 질문을 통해 '아, 그랬었지'하는 풋풋한 마음을 상기할 수도 있습니다. 반대로 시작하는 연인이 깊은 질문으로 서로를 더 깊이 탐험할 수도 있습니다.

앞으로 해 나갈 350여 개의 질문은 다음 네 가지 범주로 분류됩니다.

미래 목표/ 꿈 Future goals/dreams

놀이/성생활 Play/sexuality

과거/현재 Past/present

철학적인/심리적인 Philosophical/psychological

각 질문은 색상으로 구분되어 있습니다. 이렇게 하면 두 사람 모두 해당 항목에 집중할 기분인지, 아니면 다른 범주로 건너뛰기(나중에 건너뛴 질문으로 다시 돌아오기)를 원하는지를 결정하는 데 도움이 됩니다.

오스트리아 출신의 철학자 마르틴 부버(Martin Buber)는 이렇게 말했습니다. "세상은 이해할 수 없지만 포용할 수 있다. 그 안의 존재 중 하나를 포용하는 것을 통해서 말이다."

상대방을 작은 것부터 차근차근 알아가는 것은 서로를 포용하는 하나의 방법이며, 곧 두 사람의 유대감을 깊게 만들어 줄 것입니다.

저자의 말

　지금 두 사람은 서로의 관계가 어디쯤인지를 생각해 볼 시간을 원하고 있습니다. 이 책이 어떤 도움을 주기를 바라나요? 두 사람의 관계가 더 단단해지도록 이 책을 어떻게 활용하고 싶은가요?

　여러분에게는 특별한 목표가 있을 수 있습니다. 이를테면 서로의 소망을 더 잘 알아간다거나 현재를 즐기는 연습을 하거나, 또는 판단을 내려놓고 상대방의 말을 경청하는 것 등의 목표 말입니다. 그저 함께 더 재미있는 시간을 보내고 싶을 수도 있습니다. 무엇이 되었든, 당신의 기대치와 원하는 접근 방식을 상대방에게 분명히 하세요. 질문을 채우기에 앞서 특정한 시간제한, 혹은 대답하는 동안 핸드폰 사용 금지(검색, 사진

확인 등 제외) 등의 부분에 대해 먼저 합의를 해야 할 수도 있습니다.

마음속의 동기를 되돌아보고 의식적으로 떠올리는 시간을 함께 보내면, 그 시간이 관계의 목표를 향한 길로 여러분을 안내할 것입니다. 이 책을 완성하는 동안, 당신은 처음으로 몇 번이든 돌아와 처음 여정을 시작할 때 어떤 상태였는지 가늠해 볼 수 있습니다. 그리고 두 사람만의 이야기를 기록하는 동안 연인으로서 얼마나 성장했는지를 돌아볼 수도 있습니다.

이 여정에 대한 여러분의 기대치를 분명히 하도록 도와줄 다섯 가지 질문은 다음과 같습니다.

1. 이 질문들이 일상에 잘 포함되도록 도와줄 것은?
2. 장애물이 있다면?
3. 함께 '우리의 이야기'를 만드는 과정에서 얻고 싶은 것은?
4. 이 과정을 함께 즐겁게 보내려면 어떻게 해야 할까?
5. 질문에 답하는 사람이 아니라도, 이 대화에 잘 참여하고 있다는 걸 알려 주려면 어떻게 해야 할까?

나는 커플 상담을 시작할 때, 파트너들이 서로 자신의 목적을 명확히 하도록 안내합니다. 여기서 여러분이 하게 될 질문과 답변하는 과정이 치료는 아니지만, 그래도 서로의 목적을 일치시키는 것은 중요한 부분입니다. 두 사람이 왜 이 여정을 함께 하고 있는지 생각해야 합니다. 파트너로서 성장하기 위해서인가요? 서로에 대해 알기 위함인가요? 더 깊은 유대감을 위해서인가요? 생각을 나누기에 앞서 목적을 분명히 하는 것은 진심 어린 대답을 하는 데 도움이 될 것입니다. 이것만으로도 상대방이 당신의 말을 경청하고 더 잘 이해하게 할 수 있습니다.

질문에 답할 때, 특정 표현에 주의를 기울일 필요가 있습니다. 예를 들어, '내가 너에게 당연하게 여기는 게 있어?'라는 질문은 '내가 어떤 면에서 너를 나쁘게 대하고 있어?'라는 질문과 같지 않습니다. 질문을 나누고 대답을 듣는 동안 상대방의 이미지를 최대한 마음에 담고, 마음속에서 일어나는 감정적인 반응에 주의를 기울이세요. 탐색적인 질문들에 대해 더 고민하고 함께 책임을 공유하고 새로운 길을 걸어갈 수 있도록 최선을 다해야 합니다.

커플로서 어디에서 시작하든, 마지막 질문에 이르렀을 때 당신은 파트너가 어떤 사람인지를 진정으로 이해하고, 보다 자세하고 구체적이며 친밀한 느낌을 얻게 될 거라고 약속합니다. 자기 자신이 누구인지도 더 잘 이해하게 될 것입니다.

easy

우리가 함께 특별한 주말을 보낼 방법 생각하기.

함께 체험 수업(요리, 와인 시음, 춤, 미술, 뜨개질, 마술, 재무 계획, 팟캐스트 등)을 듣는다면, 듣고 싶은 수업과 그 목적은?

너에 대해 내가 당연하게 여기는 부분이 있다면?
너에 대한 고마움을 지금보다 더 많이 보여주려면 뭘 하면 좋을까?

SNS를 한다면: SNS가 삶에 어떤 영향을 주는지(긍정/부정)
SNS를 하지 않는다면: SNS를 하지 않는 이유는?

date

다른 커플과 함께 구조가 불가능한 외딴 섬에 갇힌다면,
친구 커플 중 가장 잘 지낼 수 있는 커플과 그 이유는?

date

우리가 커플 타투를 한다면: 어떤 모양을, 어디에, 왜?
이미 있다면: 타투의 의미가 더 잘 드러나기 위해 할 일은?

시대를 초월한, 최고의 음악 아티스트를 꼽는다면?
이유도 말하기. (최대 4명)

최근에 겪은 가장 당황스러웠던 사건과 대처 방법은?

date

| | | |

가보고 싶은 나라나, 과거 혹은 미래의 시대가 있다면 어디를, 왜?
(전 세계 어디든 상관없음)

date

| | | |

반복되는 악몽이나 귀신 같은, 초자연적인 공포를
경험한 적이 있는지? 그 공포에는 어떤 딜레마나 욕망,
갈망이 관련되었다고 생각하는지 말하기.

date

뿌리면 행동을 바꿀 수 있는 마법의 향수를 만들 수 있다면,
우리의 잊지 못할 밤을 위해서 어떤 향수를 만들고 싶은지?

B

date

오늘날의 아이들에게 가르쳐주고 싶은
가장 중요한 신념과 그 이유는?

유명 운동선수가 되기 vs 유명한 예술가(창작자) 되기
(각각의 장단점 함께 설명해야 함.)

50만 원 복권에 당첨됐다면, 가장 먼저 사고 싶은 것은?

(바로 앞 질문에서) 복권 당첨으로 구매한 물건을 가지면,
자아가 바뀔 것 같다 vs 자아는 바뀌지 않을 것 같다

하고 싶은 외국어는?
지금부터 그 언어를 배운다면 무엇을 얻게 될까?

현재의 스트레스 해소법 중, 장기적으로 봤을 때 해로운 것은?

사람들이 자주 사용하는 단어나 문장 하나를 한국어에서
없앨 수 있다면, 삭제하고 싶은 것과 그 이유는?

둘 중 너에게 더 가까운 것은?

(1)좋은 것을 너무 많이 가져 싫증 남
(2) 좋은 것이 충분치 않아 항상 갈망함

자신의 성별에서 가장 좋아하는 부분은?

G

date

| |

둘 중 지금 더 마음이 가는 일은?
직업적 경력을 추구하기 vs 관심사를 열정적으로 탐색하기

Y

date

| |

너의 성격을 가장 잘 보여주는 동물은? 이유도 말하기.

date

| | |

네가 생각하는 아침부터 밤까지의 이상적인 하루는?

date

| | |

하루 동안 핸드폰, 태블릿 또는 다른 어떤 종류의 기계 장비도 없이
살아야 한다면, 주로 무엇을 하며 시간을 보내고 싶은지?
(새로운 장비를 구입하는 것 제외)

date

|

모든 디지털 장치의 스크린세이버에 문장을 표시해야 한다면,
쓰고 싶은 문장은? 스케줄 알림, 영감을 주는 문장,
다른 사람에게 자신을 홍보하는 문장 중, 어떤 문장일까?

date

|

올해 '꼭 해야 할 일' 목록에 있는 중요한 세 가지는?
큰 목표이든 작은 목표이든 상관없음.

date

___|_____|___

가장 눈에 띄지 않고 사회적으로도 가치 없는 너만의 재능이나
기술이 있다면? 그 재능이나 기술이 도움이 될 때가 있다면,
언제, 어떻게 도움이 될까?

Y

date

___|_____|___

모든 생명과 우주가 너랑 연결되었다고 생각하는,
지독하게 자기중심적인 시기가 있었는지?
그 시기의 긍정적인 영향과 부정적인 영향은?

G

date

우리가 지금까지 함께하면서, 너에게 가장 큰 변화를 일으킨
순간이나, 가장 의미 있는 순간을 꼽는다면?

B

date

성공했다고 느끼기 위해 인생에서 성취하고 싶은 한 가지 말하기.

date

| |

부자로 만들어줄 잡히지 않는 '무해한' 화이트칼라 범죄 저지르기
vs 금전적인 이득은 없지만 범죄를 막고 지역 영웅이 되어
사람들의 사랑을 받기

date

| |

함께 풀밭에 누워 별이 가득한 밤하늘을 바라보다 별똥별을
본다면, 어떤 좋은 일이 생길 징조일까?

31

G

date

_____ | _____ | _____

살면서 가장 특별했던 식사와 이유는?

R

date

_____ | _____ | _____

'비행'과 '투명 인간' 두 능력 중 하나를 고른다면 어떤 걸 고를까?
이유는? 네 그 새로운 능력은 나에게 어떤 영향을 미칠까?

실수했을 때,
대체로 괜찮다고 느낀다 vs 수치심 때문에 힘들어 한다

서로 스트레스를 받거나 불안을 느낄 때, 서로의 마음을
다시 하나로 이어 주는 효과적인 방법은 뭘까?

B

date

마법의 동전을 던지며 소원을 빌면 그 소원을 반드시 이루어 주는
우물이 있다고 가정하면, 어떤 소원을, 왜 빌고 싶은지?
(돈은 소원 대상에서 제외)

R

date

아동기나 청소년 시기에 받았으면 좋았을 성교육은?

date

'사랑' 하면 제일 먼저 떠오르는 노래는? 그 노래는 왜 특별할까?

date

규칙을 어기는 것을 좋아한다면, 그 이유는?
규칙을 지키는 것을 좋아한다면, 이유는?

date

기억에 남는 첫사랑과 좋아한 이유 말하기.

date

우리가 지쳤거나 우울하거나 혹은 불안할 때,
기운나게 도와줄 간단한 활동을 꼽는다면?

G

date

어린 시절을 가장 잘 나타낼 만한 음식(식사)이 있을까?
그 음식(식사)은 어떤 감정을 불러일으킬까?

R

date

2분 안에 우리 관계에서 가장 좋았던 것들을 주제로 삼행시 짓기

date

다음 중 돈이 가장 잘 대표하는 것과 그 이유는? (연관성 설명하기)
사랑, 자유, 럭셔리, 안전, 존중, 그 외(직접 말하기)

date

우리가 가장 확실하게 비슷하다고 느끼는 부분은?

date

내가 너한테 화났을 때, 어떤 방법으로 화를 내야 네가
받아들일 수 있을까? 그냥 나한테 참으라는 건 안 됨

date

가족이나 어릴 적 보호자 중 너와 가장 닮은 사람은?

(R)

date

우리가 24시간 동안 함께 수갑을 차고 생활해야 한다면,
가장 힘든 부분은?

(G)

date

너를 진정으로 이해하는 친구는?
그 친구는 너에게 어떻게 공감해주지?

date

_____ | _____ |

마법 지팡이로 큰 걱정 중 하나를 없앨 수 있다면, 사라졌으면 하는
걱정거리는? 그 걱정이 사라지면 어떤 기분일까?

Y

date

_____ | _____ |

꿈과 통찰력 그리고 신비한 경험을 통해 한 가지 질문에 대한
답을 구할 수 있다면, 해결하고 싶은 질문은?

date

지금까지 했던 가장 이타적이거나 관대한 행동 중 하나 자랑하기.

date

지금은 부끄럽지만, 5년 후 뒤돌아봤을 때
자랑스럽게 느껴질 일이 있다면?

date

내가 너에게 호감이 있다고 처음으로 느낀 순간을 기억하는지?
그때를 자세하게 묘사하기

date

내가 무의식적으로 너에게 하는 행동 중 가장 섹시한 행동은?

Y

date

오늘 네가 특별하고, 사랑과 관심을 받고 있다고 느끼게 만든
내 행동이 있다면?

Y

date

슬플 때, 너를 위로해 줄 나의 말이나 행동은?

date

_____ | _____ |

네 생각에, 내 친구 중 내 인생에 가장 도움이 되는 친구는?

date

_____ | _____ |

친구들 중, 가끔 더 나은 관계가 될 수 있다고 생각되는
친구가 있다면?

date

_____ | _____ |

운명을 믿는다면, 앞으로 네 운명은 어떨지 생각해 보기.
운명을 믿지 않는다면, 그 이유는?

date

_____ | _____ |

기쁨이나 행복 외에, 더 자주, 안정적으로 느끼고 싶은 감정
한 가지는? 그 감정은 '진짜 나'가 되는데 어떤 도움을 줄까?

date

갈등이 심한 상황에서 더 중요한 것은?
관계의 유지 vs 신념 주장

R

date

내가 스파이가 된다면,
나에게 어울리는 코드네임과 커버스토리는?

date

_____|_____|_____

아플 때 어떻게 돌봐줬으면 좋겠는지?

date

_____|_____|_____

액세서리에 우리만의 특별한 문구를 새겨 넣는다면,
우리만의 유대감을 담아낼 문구는? (오늘 바로 만들어야 함)

인간의 진화를 통제할 수 있다면, 어떤 능력이 생겼으면 좋겠는지?

가장 큰 꿈은?

B

date

바로 앞에서 질문한 '가장 큰 꿈'을 완전히 추구하지 못하게
막는 게 있다면? 그 꿈을 이루기 위해 지금 시작할 수 있는
가장 작은 일에는 뭐가 있을까?

G

date

가장 좋아하는 음료의 이름은? 그 음료의 냄새가 불러일으키는
감정이나 기억이 있다면?

지금은 싫어하지만, 10년 후에는
도전해 볼 생각이 있는 일이 있다면?

여러 가지 작업을 동시에 처리하는 것과 하나의 작업에 집중하는
것 중 더 어려운 것은? 더 어려운 걸 연습한다면, 너 자신 혹은
우리 커플에게 도움이 될까?

강력한 태풍이 왔을 때 어떤 기분이 들었는지? (두려움, 흥분, 안심
등 어떤 기분이든 상관없음) 그런 기분이 드는 특별한 이유가 있다면?

낙관적인 태도 유지에 도움이 되는 일상적인 활동이 있다면?
그 활동이 어떻게 도움이 되는지?

date

| | |

우리가 함께 시간을 보낼 때 가장 즐거운 점은?

date

| | |

내가 모르는 사이에 나를 자세히 관찰하고,
나에게 좋은 감정을 느꼈던 때가 있다면?

(R)

date

_____|_____|_____

우리가 처음 만났을 때, 가장 강렬했던 순간을 꼽는다면?

(G)

date

_____|_____|_____

네가 아주 당연하게 여기지만 사실은 더 감사해야 하는 것이
있다면? (친구, 직업, 건강, 부유함, 지능 등)

B

date

| |

우리가 싸울 때, 다음 중 상황에 도움이 될 것과
상황을 더 악화시킬 것 각각 고르기.

(1) "싸우긴 하지만, 너를 사랑한다는 건 알아줘"라고 말하기.
(2) "좀 진정해야겠어. 곧 돌아올게"라고 말하고 방에서 나가기.
(3) 그저 눈을 감고 가만히 앉아서 천천히 의식적으로 스무 번 숨을 들이마시기.

Y

date

| |

현재 통근 시간이 길다면, 출퇴근 시간을 줄이기 위해
포기할 수 있는 편의는? 현재 통근 시간이 짧다면,
짧은 출퇴근 시간을 포기해도 좋을 만한 편의는?

Y

date

네가 다른 사람들을 비판할 때 가장 많이 지적하는 것은?
그 비판에는 어떤 깊은 욕구나 갈망이 깔려있을까?

Y

date

100세까지 살아도 절대 질리지 않을 거라고 생각하는 일이
있다면?

G

date

어렸을 때 포기한 취미가 있다면?
(그림, 글쓰기, 축구, 발레, 테니스, 피아노 등)
그 취미를 지금 시작하지 못하는 이유는?

B

date

만약 의료적 치료를 받는 중이라면, 내가 어떻게 도와주면 좋을까?

57

date

새로운 친구를 사귈 때,
이전 친구들과는 달랐으면 하는 특성이 있다면?

date

착한 외계인에게 납치되어 뭔가 유용한 걸 배울 수 있다면,
어떤 걸 배우고 싶은지?

G

date

우리가 처음 만났을 때, 어떤 점에 가장 끌렸는지?

Y

date

네가 생각하는 너는 (고집 센 사람 / 유연한 사람). 그 장단점은?

date

마주 보고 앉아 아무 말 없이 서로를 바라보기만 할 때
어떤 느낌이 드는지 말하기. (지금 해 봐도 좋음.)

date

함께 하는 저녁 식사를 더 로맨틱하게 만들기 위해, 내가 해줬으면
하는 행동은? ('멀리 있지 말기' 대신 '손을 잡아줘' 등 실제로 할 수 있는
행동으로 말하기.)

date

       | |

함께 파티를 열고 '모든 걸 해 보자(제한 없이)'고 결정했다면,
어떤 파티가 될까?

date

       | |

일 년 중 가장 싫어하는 계절과 그 이유는?

date

언제 생각해도 웃음이 나는 재미있는 일이 있다면?
(직접 경험, 들은 이야기 모두 괜찮음.)

G

date

오늘이나 이번 주에 의식적으로 행한 모두를 향한
친절한 행동 하나와 그때의 기분 말하기.

date

최악의 상황이라도 살고 싶지 않은 곳은?

B

date

서로에 대한 애정을 높이기 위해 매일 조금씩 쉽게 할 수 있는
작은 행동 하나 말하기.

만약 같은 집에 살게 된다면,
같은 화장실을 사용해도 괜찮다
vs 각자 개별 화장실을 사용하고 싶다

최근에 밤새 뒤척이며 잠을 설친 적이 있는지? 이유는?

B

date

함께 소풍 가고 싶은 곳이 있다면?
소풍에 꼭 필요한 물건과 꼭 해야 하는 일 꼽기.

B

date

한밤중에 아무것도 없는 곳에서 차가 고장 났고, 휴대전화도 방전
됐다면, 아침까지 뭘 하며 시간을 보내야 할까? (잠자기 제외)

다음 중 더 어려운 것은?
자신의 생각을 흔들림 없이 지키기 vs 자기가 틀렸음을 인정하기

어떤 말이나 행동을 후회할 때, 바로 사과하기 어려운 이유는?
만약 사과할 일이 아닌데도 사과하는 편이라면, 이유가 뭘까?

B

date

의견이 다를 때 (음악적 선호도, 휴가지 결정, 다른 사람에 대한 평가 등)
네 스타일은?

(1) 서로 다른 관점을 가졌다는 사실을 편안하게 받아들인다.
(2) 유대감을 위해 서로의 생각 사이에 겹치는 부분을 찾는다.

Y

date

함께 읽고 싶은 책을 꼽는다면?

어떤 아이디어 또는 활동을 기리는 새로운 국경일을 제정할 수
있다면, 어떤 날을 국경일로 만들고 싶은지?
이유와 그 가치를 평가하는 방식 설명하기.

서로 약속하고 바보 같은 일을 하는 것을 즐기는 편인지
꺼리는 편인지? (만우절에 교복 입기 등)

date

무엇에든 먼저 양해나 허락을 구하는 것이 좋다고 생각하는지?
만약 그렇다면 그 이유는?

date

너를 더 잘 이해하게 해 줄 영화가 있다면?
그 영화에서 내가 무엇을 봐야 할까?

date

| |

요즘 너 자신에 대한 너의 평가는? (다정함, 중립적 혹은 비판적)
그게 우리에게 어떤 영향이 있을까?

(B)

date

| |

아무런 제약이 없다면, 침대에 누워서 받고 싶은 아침 식사는?

date

가장 좋아하는 깜짝 파티는?

date

어릴 때 배웠으면 좋았을 능력이나 기술은?

date

현재 착용했거나 과거에 착용했던 액세서리 중,
네 캐릭터를 보여 준다고 생각하는 액세서리가 있다면?

date

내가 너를 어떤 사람으로 생각했으면 좋겠는지?

R

date

_____|_____|_____

싫어한다고 생각했지만, 직접 해 보고 좋아하게 된 활동은?

Y

date

_____|_____|_____

지금까지 가장 아팠던 경험과, 그 경험에서 배운 것이 있다면?

date

십 대 때 했던 자기 파괴적인 행동 중 하나를 꼽는다면?
만약 그 행동을 되돌릴 수 있다면 어떤 기분일까?

date

인생 그래프의 모든 지점을 고려했을 때, 몇 년 동안
전체적인 패턴이 어떻게 변했는지 설명하기.

date

네가 생각하는 내 유머 감각은? 우리 중 한 사람이 다른 사람을
정말 크게 웃게 만들 때 어떤 기분인지?

Y

date

비밀과 사생활은 어떤 점이 다른 걸까?

date

각자에게 바라는 것과 커플로서 바라는 것 말하기.

date

영원히 한 가지 냄새만 맡을 수 있다면, 어떤 냄새가 좋을까?

어릴 적 가장 많은 시간을 보낸 공간은?
그 공간을 떠올릴 때 드는 감정이나 생각, 기억은?

별명을 가져야 한다면, 원하는 별명과 그 이유는?

R

date

여러 표현 방식 중(말, 음악, 글쓰기, 몸짓, 행동, 스킨십 등),
너를 기쁘게 하거나 감동하게 할 표현 방식이 있을까?

G

date

도시에서 멀리 떨어진 자연에서 겪은 가장 무서운 경험이 있다면?

date

창의적인 천재지만 평생 평범하게 인식되는 것

vs

평범한데 평생 창의적인 천재로 인식되는 것

date

첫 자동차(혹은 자전거)를 생각하면 떠오르는 기억은?

date

_____ | _____ |

내가 가끔씩 이상한 표정을 짓는 걸 본 적이 있다면,
그 표정이 무슨 뜻이라고 생각하는지?

B

date

_____ | _____ |

하루를 보내고 다시 만날 때, 가장 기쁠 것 같은 행동은?
(6초간의 포옹, '너를 만나서 행복해'라는 말 혹은 다른 행동, 인사법 등)

date

직업에서 가장 힘든 점과 그 이유는?

Y

date

이해와 기쁨, 관계, 즐거움 등이 다 갖춰진, 네가 가장 바라는
이상적인 하루를 위해 꼭 필요한 게 있다면?

date

우리가 처음으로 '통했다'고 느낀 장소를 기억하는지?

date

새로운 제품을 발명해 특허를 신청한다면,
사람들을 즐겁게 해주는 제품 vs 실용적인 목적의 제품

Ⓡ

date

_____|_____|_____

나의 가장 매혹적이거나 독특한 점 하나 말하기.

Ⓑ

date

_____|_____|_____

둘 중 더 좋은 것은?
돈이 많고 유명함 vs 돈이 많고 아무도 나를 모름

G

date

---|---|---

필요하거나 원하는 것이 있을 때, 내가 해 준다는 보장은 없지만
나에게 꼭 부탁해야 한다면, 어떤 기분일까?
(곤란함, 쉬움, 어려움 등)

Y

date

---|---|---

하루 동안 체험해보고 싶은 특이한 직업이 있다면?
그 경험으로 뭘 얻을 수 있을까?
(현상금 사냥꾼, 전문 하객 대행, 해커, 워터슬라이드 테스터 등)

R

date

유명한 이성 배우처럼 옷을 입을 수 있다면,
따라 입고 싶은 스타일은?

B

date

자신감이 부족할 때 만나면 힘이 날 만한 사람 혹은 모임은?

(R)

date

미래에 로봇이 대신해도 괜찮을 것 같은 일(지루함, 단순 반복, 장시
간 소요 등)이 있다면? 사람이 그런 작업을 하지 않을 때의 단점은?

(G)

date

친구들과 함께 하는 일 중, 나와도 함께 하고 싶은 것은?

date

3일 동안 '첨단 기술 없이 살기' 체험을 한다면,
가장 힘들 것 같은 부분은?

B

date

10년 후의 자신을 상상할 때, 한 사람으로서
어떻게 달라져 있을까? 혹은 어떤 면에서 변하지 않았을까?

date

혐오감이 드는 음식을 꼭 먹어야 하는 상황에 조금이라도 도움이
될 만한 생각, 혹은 행동이 있다면? 무슨 일이 있어도 절대로 먹고
싶지 않은 음식은?

G

date

지금까지 했던 가장 반항적인 행동은?

date

텔레파시가 가능하다면,
마음을 읽는 능력이 우리에게 가장 도움이 될 때는 언제일까?

R

date

'사람들의 주목을 받았던' 경험 중
너에게 가장 큰 영향을 미친 일은?

date

깊은 감정을 느낄 때, 위험부담을 피하려고 자기방어적으로 마음을
보호하는 경향이 있는지? 만약 그렇다면, 이유와 방식 설명하기.

date

댄스 스포츠를 함께 배운다면 선택할 종목은? 그 춤을 배우는 것이
우리에게 어떤 도전이 될까? 우리 관계에는 어떤 영향을 미칠까?

date

자신과 가장 관련 있는 신화적 · 전설적 영웅이 있다면?

G

date

옳은 일을 하는 것과 편한 일을 하는 것 사이에서 갈등을 느낀 적이
있는지? 있다면 그 딜레마를 어떻게 해결했는지?

date

| | |

휴대전화를 보면서 운전하는 사람을 볼 때 드는 생각은?
그 사람들은 왜 그런 행동을 할까? 만약 위험한 행동을 하고
스스로 합리화한 적이 있다면 어떤 행동인지?

date

| | |

누군가가 예상치 못한 제안을 했을 때,
수락한다 vs 거절한다

B

date

|_____|_____|_____|

어른이 되었다고 처음 깨달은 순간은? 아직 그런 순간을 경험하지
않았다면, 언제 어른이 되었다고 깨달을 것 같은지?

Y

date

|_____|_____|_____|

만약 정치 선거에 출마한다면, 선거 슬로건과 주요 공약은?

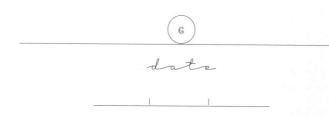

R

date

어릴 적 가장 좋아한 유명인은?
어떤 점을 좋아했고, 어떤 영향을 받았는지?

G

date

청소년 시절 주로 쇼핑하던 장소와 그 이유는?

date

 | |

2주 동안 여행을 한다면,
캠핑카를 타고 국내 여행 vs 이탈리아의 별장 vs 럭셔리 크루즈 여행

G

date

 | |

가장 불편한 공휴일과 이유 말하기.

G

date

가장 좋아하는 교통수단과 가장 싫어하는 교통수단 하나씩 꼽기.

Y

date

어렸을 때 수면 의식(자장가, 책 읽어주기 등)을 해 준 사람은?
만약 없다면 자신만의 수면 의식을 만든 적이 있는지?

date

_____ | _____ |

어떤 감각에 가장 많이 의존하는지? 만약 다른 감각에 잠깐 더
집중한다면, 우리 관계가 새로워지는 데 도움이 될까?

G

date

_____ | _____ |

고등학교나 대학에서 가장 좋아했던 수업과 그 이유는?

steady

date

_____|_____|_____

내가 잠결에 너에 대한 말을 한다면, 듣고 싶은 말은?

(G)

date

_____|_____|_____

어린 시절, 가장 공감했던 동화나 영화 속 주인공을 꼽는다면?
어떤 일이 그 주인공에서 공감하게 만들었을까?

Y

date

_____|_____|_____

후회하는 일 중 하나를 완전히 용서받을 수 있다면,
용서를 구하고 싶은 일 한 가지는?

B

date

_____|_____|_____

마음대로 나만의 공간을 꾸밀 수 있는 2억 원이 생긴다면,
어떤 특색을 가진 공간을 원하며 그렇게 하고 싶은 이유는?

date

네가 태어나던 순간의 사진이나 기록을 보거나 혹은 가족들에게
들은 이야기를 떠올렸을 때, 가장 인상적인 부분은?

date

어린 시절, 가장 외로웠던 순간은?

date

_____|_____|_____

앞으로 나와 너 자신에게, 그리고 우리의 관계에서
가장 바라는 것을 말한다면?

G

date

_____|_____|_____

쿵쿵 뛰는 심장박동 소리가 처음으로 살아있다는 감정을
들게 한 순간은?

date

_____|_____|_____

101 페이지 질문에서 네가 말한 일에 대해 더 이상 후회하지 않게
되면, 너 자신이나 너의 삶은 어떤 점이 달라질까?

date

_____|_____|_____

최근에 낯선 사람이 너에게 베풀었던 예기치 않은 친절한 행동은?
그 일이 너에게 미친 영향은?

현재 대화 없이 지내는 사람에게 진심 어린 편지를 쓴다면,
어떤 내용이 될까?

백 년 후, 너를 기리는 대리석이나 청동 기념비가 세워진다면,
영원히 남기고 싶은 너의 '특성'은?

date

직감을 따라서 멋진 일이 생겼거나,
위험한 상황을 피했던 경험이 있다면?

date

정치적 견해가 완전히 반대되는 사람에게서
무언가를 배운 경험이 있다면? 그때 배운 것은?

B

date

___|___|___

우리가 함께 할 수 있는 가장 무모하고 허황된 모험을
상상해 본다면?

B

date

___|___|___

우리가 충분히 감당할 만한 모험이 있다면?
지금 그걸 못하게 막는 걸 뭘까?

date

너와 다른 성 정체성을 가진 사람에게 부러운 점이 있다면?

date

집에 불이 났을 때, 오로지 정서적인 가치(휴대폰이나 지갑, 컴퓨터 등
실용적인 물건 제외)를 기준으로 세 가지를 구할 수 있다면,
무엇을, 어떤 이유로 구할 건지?

R

date

| . | . |

60초 안에 현재 가장 좋아하는 것 10가지를 적고,
각각이 가치 있는 이유 말하기.

Y

date

| . | . |

자선 캠페인에 10억 원을 기부할 수 있다면,
어떤 목적의 단체를, 왜 선택할까?

B

date

_____ | _____ |

심리적으로나 정신적으로 성장하고 싶은 부분이 있다면?

G

date

_____ | _____ |

인생에서 가장 큰 영향을 받은 사건은? 그 사건이 미친 영향은?

date

인터넷과 전기가 끊기고 휘발유도 없는 상황이라면,
생존에 가장 큰 어려움은 뭘까?

date

바로 앞 질문 같은 상황에서 생존 가능성을 높일 우리의
서로 다른 기술이 있을까?

(B)

date

| | |

취미나 관심사 중에서 수입원이 되었으면 하는 것이 있다면?
만약 없다면, 무엇이든 선택할 수 있다는 가정하에 선택하고 싶은 것은?

(G)

date

| | |

어린 시절 가장 좋아했던 장난감에 얽힌
감동적인 추억을 꼽는다면?

B

date

_____|_____|_____

참석했던 결혼식 중 가장 이상적이었던 결혼식은?
(결혼했다면 본인 결혼식 포함)

Y

date

_____|_____|_____

네 라이벌과 내 라이벌 중, 24시간을 함께 보내기 더 어렵거나
혹은 더 쉬울 것 같은 쪽은? 그 이유는?

113

date

_____|_____|_____

네가 스스로 자신 있어 한다고 사람들이 알고 있는 부분 중,
사실 너 스스로 가장 의심하는 부분이 있다면?

date

_____|_____|_____

초자연적인 경험을 한 적이 있다면?
그 경험이 그때의 너에게 미친 영향은?

두려움을 극복하거나 두려움에도 불구하고
무언가를 해냈던 순간이 있다면?

누군가 너를 낙담시키거나 혹은 이기적으로 굴고 신뢰를 저버렸던
경험 중, 어쩌면 더 나은 결과가 된 경험이 있다면?

date

_____|_____|_____

역사적 사건 중에서 직접 목격하고 싶은 사건과 그 이유는?

G

date

_____|_____|_____

어머니에게서 배운 가장 중요한 것은?

아버지에게서 배운 가장 중요한 것은?

무엇이든 열리는 나무를 심을 수 있다면, 어떤 나무를 심을까?
그 나무와 '열매'가 도움을 줄 대상과 목적은?
(어떤 형태든 돈을 열리게 할 수는 없음.)

date

_____|_____|_____

스트레스를 받는 순간, 시간을 멈추고
우주 어디든 순간 이동할 수 있다면 가고 싶은 곳은?
(순간 이동 후 한 시간 동안 진정하고 차분히 생각할 수 있음.)

G

date

_____|_____|_____

가족이나 친구가 어려운 상황에 잘 대처하는 모습을 보고
존경심을 느꼈던 경험이 있다면?

date

바로 앞 질문에서 언급된 '어려움'에 대처할 너만의 방법은?

G

date

가장 눈에 띄거나 사회적으로 가치 있는 자신의 재능이나
기술의 장단점 설명하기.

네가 생각하는 자기 돌봄과 이기심의 차이는?
그리고 둘 중 더 대하기 힘든 것은?

내 재능이나 기술 중, 특별하거나 사회적으로 가치 있는 것은?

date

＿＿＿＿＿＿ ｜ ＿＿＿ ｜ ＿＿＿＿＿＿

나의 특이한 점들 중,
처음에는 꺼렸지만 점점 사랑하게 된 것을 하나 꼽는다면?

B

date

＿＿＿＿＿＿ ｜ ＿＿＿ ｜ ＿＿＿＿＿＿

만약 책을 쓸 수 있다면, 선택하고 싶은 주제는?
글을 쓰는 동기는 개인적인 것, 금전적인 것 중 어떤 것일지?
(이미 책을 쓴 적이 있다면, 영화나 그림 등 다른 창작 매체를 선택해도 됨)

G

date

자라면서 선생님이나 멘토와 경험했던,
너에게 가장 영향을 크게 미친 순간에 대해 말하기.

G

date

권위 있는 위치에 있는 사람에게서 들었을 때 가장 두려운 말은?

G

date

| | | | |

보통 사람들이 가지고 있는 특징 중 가장 부러운 것과 이유는?

R

date

| | | | |

가장 행복했던 순간으로 돌아가게 하는 향이 나는 스티커를
만든다면, 어떤 향을 선택할까? 이유는?

date

장소나 물건 또는 식물이나 동물과 연결됐다고 느낀,
이유는 모르지만, 강렬했던 경험이 있다면?
(초자연적 경험)

date

어린 시절 잃어버렸던 물건이나 삶의 방식 중,
다시 만나게 되면 눈물이 날 만한 것은?

date

어린 시절 가졌던 상상의 친구와 가장 비슷한 것 묘사하기.

date

어린 시절의 타임 캡슐을 꺼내어 추억하고 싶은 것이 있다면?
그 순간을 나랑 공유하면 어떨지?

(R)

date

_____|_____|_____

'즐거움으로 가득한 성'을 만드는 프로젝트 매니저가 됐다면,
사람들이 그곳에서 어떤 즐거움을 찾기를 바라는지?

(G)

date

_____|_____|_____

너의 삶에 영향력을 끼친 사람 중 처음에는 반항했지만 나중에
감사하게 여기게 된 사람이 있다면? 이유도 말하기.

date

'드림 하우스'의 침실 창문으로 어떤 풍경이 보이기를 바라는지?
매일 아침 눈을 떴을 때 그런 전망이 보이면 어떤 기분일까?

date

내가 매일 하는 루틴 중, 가장 포기하기 어려워할 것 같은 건?

date

_____|_____|_____

네가 기억하는 한, 최초의 기억?

(B)

date

_____|_____|_____

우리가 단편영화를 제작한다면, 어떤 주제의 영화가 될까?
우리는 어떤 역할을 맡을까? (감독, 작가, 배우...)

date

-----------------|---------------|-----------------

살면서 외모의 '상대적 가치'에 대해 배운 것이 있다면?

date

-----------------|---------------|-----------------

어릴 때 애정 어린 손길이나 칭찬을 받으면 어떤 느낌이었는지?
애정을 충분히 받지 못한다고 느꼈을 때
어떤 기분이었는지 설명하기.

어린 시절 찍은 사진 중에서 지금 다시 보면
얼굴을 찡그리게 되는 사진을 꼽는다면? 이유는?

내가 잘 모르는 네 몸의 오래된 흉터를 보여줄 수 있을까?
그런 흉터가 없다면, 내가 잘(혹은 완전히) 알지 못하는
심리적 · 정서적 흉터에 대해 설명하기.(이야기도 함께 들려 주기.)

date

___|___|___

만약 네가 어떤 역사적 사건을 일으킬 수 있다면,
어떤 사건이었으면 좋겠는지?

R

date

___|___|___

음식에 평생 딱 한 가지 양념만 쓸 수 있다면, 난 어떤 양념을
고를까? 내 성격이랑 그 양념 사이에 공통점이 있다면?

초등학교 때 가장 소중했던 친구는 어떻게 너에게 힘이 됐어?

내가 좌절했을 때 들려주고 싶은 문구가 있다면?

(기도문, 명언, 책 구절 뭐든 상관없음.)

date

_____|_____|_____

지금까지 받은 선물 중 가장 의미 있는 것과 그 이유는?

date

_____|_____|_____

음식이나 음료로 목욕을 해야 한다면, 너를 가장 즐겁게 해 줄
것은? 우리 두 사람이 네가 선택한 음식이나 음료로 목욕한다면
어떤 기분일까?

(B)

date

_____ | _____ | _____

관계에서 안정감을 느끼기 위해 더 필요한 것은 '거리감'일까
아니면 '친밀함'일까?

(G)

date

_____ | _____ | _____

이번 주에 내가 한 일 중, 진심으로 고맙다고 느꼈던 일 설명하기.

date

어린 시절 인생을 찬양하는 법을 가르쳐준 사람은?
어떤 방식으로 가르쳤는지도 설명하기.

date

피곤한 하루를 끝내고 만났을 때,
어떤 질문을 받으면 편안하고 환영받는 기분이 될까?

date

____ | ____ | ____

서로의 가족 문화에서 배울 점이 있다면?

date

____ | ____ | ____

'나 지금 섹시하다'고 느껴지는 행동이 있다면?
(성공적인 발표, 운동, 멋지게 차려입었을 때 등)

Y

date

특정 상황에서 스트레스를 받고 있을 때,
내가 해줬으면 하는 조언과 그 조언의 장단점은?

R

date

다음 중 나랑 같이하기 가장 어려운 것을 고르고, 이유 말하기.

(1) 이모지만 사용해서 나에게 사랑의 편지 쓰기.
(2) 30분 동안 눈길과 표정만으로 나와 소통하기.
(3) 신발 끈을 함께 묶고 이인삼각으로 동네 한 바퀴 돌기.

B

date

제일 싫어하는 계절을 더 즐기기 위해
우리가 같이할 수 있는 일이 있을까?

Y

date

'업보'나 '윤회'에 대한 생각 말하기.
업보나 윤회가 실제로 있다면 어떨까?

date

감정적 고통을 피하려고 제일 많이 사용하는
심리적 방어법이 있다면? (최소화, 합리화, 억제, 투영 등)

date

나의 특정 몸짓이나 신체 접촉(손잡기, 머리 쓰다듬기, 포옹,
등 쓰다듬기, 마사지 등) 중 가장 좋아하는 것은?

사소한 일(데이트 장소, 영화, 식당 고르기 등)에 대한
주도권을 나에게 주는 일은,
어렵다 vs 쉽다

어릴 때 부모님이 배우라고 했던 기술 또는 능력 중,
당시에는 싫었지만 지금은 감사하게 생각하는 것이 있다면?

date

_____|_____|_____

당혹감이나 부끄러움 때문에 (나 또는 다른 사람에게)
네 감정을 제대로 전달하지 못했던 순간이나 상황이 있다면?
그 순간 너에게 필요했던 건 뭘까?

date

_____|_____|_____

과거의 사건 때문에 생긴 감정적, 심리적 문제로 신체에
문제나 증상(두통, 소화기 문제 또는 요통 등)이 생긴 적이 있는지?

date

일상적인 작은 표현 외에, 우리가 한 번쯤은 해 보면 좋을 특별한
사랑의 표현이 있다면? 이유도 설명하기.

date

같이 노래를 하거나 춤을 추는 콘텐츠를 만든다면,
그걸 SNS에 올릴 수 있을까?

date

_____|_____|_____

함께 운동을 한다면(또는 이미 하고 있다면),
나와 함께 하고 싶은(또는 하고 있는) 운동 중 가장 즐거운 것은?

date

_____|_____|_____

너는 예술가, 나는 모델이라면, 어떤 재료를 사용해야
내 독특한 매력을 가장 효과적으로 영원히 남길 수 있을까?

date

개인적 또는 직업적으로 중요한 누군가와 나눴던,
어렵고 감정적이었던 대화가 있다면? 그런 대화가 두려운 이유는?

date

바로 앞 질문에서 언급한 두려운 대화가
가장 이상적으로 흘러가는 최상의 경우는?

함께여서 항상 행복하고, 갈등이 전혀 없으며,
거의 모든 것에 의견이 맞고, 삶을 바라보는 방식도 같은 사람을
만났을 때의 단점이 있을까? 우리가 이미 그런 상태라고
생각한다면 지금의 장단점 말하기.

우리 관계에서 짜증을 줄일 수 있는 간단한 방법 한 가지만 들기.
(8시간 이상 자기, 술 덜 마시기, 밀가루나 설탕, 니코틴, 카페인 피하기,
물 많이 마시기, 운동하기 등) 만약 아무것도 할 수 없다면 이유는?

가정적, 재정적, 사회적 혹은 기타 다른 결정해야 하는 일 중,
나와 상의하고 싶은 것이 있다면?
불안을 줄여주기 위해 내가 할 수 있는 일이 있을까?

내가 좌절했다는 걸 알려주는 특정한 행동이 있을까?
내 좌절감을 느껴질 때 너는 보통 어떻게 반응하는지?

date

_____ | _____ | _____

우리가 함께 웃긴 동영상을 제작한다면,
가장 먼저 머릿속에 떠오르는 아이디어는?

R

date

_____ | _____ | _____

만약 우리가 공중도시에 산다면, 어떤 장단점이 있을까?

date

네 옷 중, 내가 제일 좋아하는 옷은?

Y

date

인생에서 한 가장 현명한 선택을 꼽는다면?

G

date

내가 주는 애정 중, 충분하지 않아서 정말로 목마른 애정의 형태가
있다면? 어린 시절, 네가 원한 사랑을 준 사람과 그렇지 못했던
사람이 있다면?

Y

date

실패나 성공에서 배운 가장 큰 인생의 교훈은?

date

_____|_____|_____

내 전 애인을 만났을 때나 전 애인과 관련된 물건을 발견했을 때,
제일 힘들었거나 제일 놀랐던 점은?

date

_____|_____|_____

내가 열정을 가진 분야에서 나와 가장 잘 협업할 수 있는 사람은
누구일까? 이유는?

date

지금까지 겪은 일 중 가장 긴급했던 상황을 말하고,
어떻게 대처했는지 설명하기.

date

의료용 나노 로봇이 인간의 병든 세포를 고쳐 150세까지
살 수 있는 세상이라면, 그때도 연인 간에 '평생'을 약속할까?

date

만약 10년 후에 크게 성공할 것 같은 회사에 3억 원을 투자할 수
있다면, 어떤 회사에 투자할까? (분야, 상품, 서비스 종류 등)

R

date

24시간 동안 완전히 벌거벗고 지낸 적이 있는지?
즐거웠던 점과 생각보다 별로였던 점은?

둘 중 하나를 고르고, 선택 기준과 가치관 함께 설명하기.
작은 집에 살지만 빚 없음 vs 큰 집에 살지만 빚 많음

내 성격에 어울리는 차(car)는?

date

_____|_____|_____

조상 중에서 특별히 가깝게 느끼거나 직접 만났으면 좋았을 거라고
생각하는 사람이 있다면?

date

_____|_____|_____

질병은 뭐라고 생각하는지? 갑작스럽게 아플 때,
질병에 대한 네 생각이 도움이 되는지 아니면 부정적으로 작용하는지?
병에 대해 왜 그렇게 생각하는지?

Gravitation cannot be held responsible for people falling in love

만유인력은 사랑에 빠진 사람을 책임지지 않는다.

– 알버트 아인슈타인

date

_____|_____|_____

내가 성감대가 아닌 부분을 10분 동안 애무한다면,
원하는 부위와 그 이유는?

date

_____|_____|_____

내 몸에서 그동안 소홀히 했던 부위를 10분 동안 애무할 기회가
생긴다면, 어떤 곳을, 왜?

나와 함께 한 가장 에로틱한 경험은?

너와 오르가슴과의 관계를 표현한다면? 먼 사이 혹은 가까운 사이,
아니면 절친 같은 관계? 그 관계는 시간이 지남에 따라
어떻게 달라졌을까?

두 사람이 동시에 성적으로 흥분의 정점에 도달할 때만 문이 열리
는 방에 갇혀 있다면, 5분 안에 문을 열기 위해 뭘 해야 할까?

우리의 미적지근한 만남을 '뜨거운' 순간으로 바꿀 방법은?

R

date

아주아주 천천히 키스할 때 몸 전체의 느낌 설명하기.
이 질문에 정확하게 대답할 수 있도록 지금 잠깐 키스하기.

R

date

한 시간 동안 지배적/순종적 역할 놀이를 한다면, 편안한 역할과
불편한 역할 말하기. 각각의 이유 설명하기.

다음 중 가장 선호하는 것은?

(1) 옷을 다 입고 있음.
(2) 옷을 반만 입고 있음.
(3) 옷을 입고 있지 않음.

성적 판타지 중, 부끄러워서 아직 말하지 못한 것이 있다면?

스킨십을 할 때 더 야하다고 느낄 만한 장소 말하기.

우리의 첫 성관계(또는 육체적으로 친밀해지거나 그런 분위기였던 것)
에 대한 기억은?

Deep

date

복제 기술이 발전하고 과학자들이 멸종된 동물을 되살릴 수
있다면, 다시 살리고 싶은 동물과 이유는?

date

평행세계가 존재해서 네가 지금의 부모님과 가장 부딪혔던 (혹은
지금도 부딪히고 있는) 부분을 가진 부모로 태어나게 된다면, 더 나은
부모가 되기 위해 필요한 것들 말해 보기. (자기애, 부, 안전, 치료 등)

date

_____|_____|_____

5년 전 네가 꿈꿨던 너의 모습은?
지금은 그때와 생각이 어떻게 달라졌는지?

date

_____|_____|_____

너의 핵심 자아에 가장 큰 반향을 일으키는 영적 또는
종교적 믿음에 대해 구체적으로 설명하기.
아무것도 없다면, 그 이유는?

date

_____|_____|_____

기억하고 싶었지만(혹은 더 잘 기억하기를 원했지만) 잊어버린 것과,
잊고 싶었지만 기억하는 것이 있다면?
(예를 들어, "고등학교 입학 전날의 기분이 어땠는지 기억하고 싶다")

date

_____|_____|_____

미래의 너에게 타임캡슐을 보낸다면, 현재의 모습 중 가장 중요한
부분들을 기억하기 위해 어떤 것을 담아야 할까?

date

우리 둘이 지구상에 남은 마지막 사람이라면,
우리는 삶을 더 가치 있게 여길까 아니면 그 반대일까?

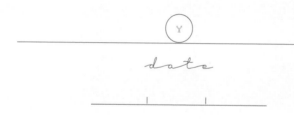

date

우주의 기원에 대해 자기 스타일로 말하기.

date

우리가 갈등에 대처하는 방식 중에서 가장 마음에 드는 부분은?

Y

date

믿음(Trust)과 신념(Faith)은 어떻게 다를까?
삶에 대한 믿음, 삶에 대한 신념 중 지금 느끼는 것은?

date

나의 특징 중 가장 존경하는 것은?
그 특징이 너에게도 어떤 식으로든 존재한다고 생각해?

B

date

지구의 미래를 위해 가장 중요한 분야와 이유는?
(과학, 예술, 의학, 기술, 심리학, 정치학, 공학 등 다양한 분야 중)

date

네가 생각하는 나의 가장 눈에 띄지 않고, 가치도 없는 재능이나
기술은? 그래도 그 재능이나 기술이 중요하다고 생각되는 면이
있다면, 어떤 점일까?

date

나를 알게 되고 사랑에 대한 생각이 어떻게 바뀌었는지 설명하기.

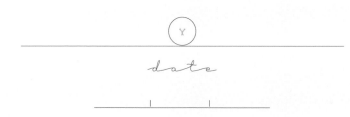

G

date

가장 기억에 남는 조건 없는 사랑의 경험 말하기.

Y

date

너 스스로를 속이고 있는(혹은 부인하고 있는) 받아들이기 어려운
사실 한 가지가 있다면? 그 진실을 제대로 바라보거나 받아들이기
어려운 이유를 설명하기.

171

우리의 비슷한 부분 중,
대부분의 사람들이 알아채지 못하는 것이 있다면?

나에게 한 번도 말해준 적 없는 내 사랑스러운 점
한 가지를 꼽는다면?

date

_____|_____|_____

네 생각에 내가 먼저 마음을 열고 용서해야 할 사람이 있을까?
그게 나에게 어떤 도움이 될까?

date

_____|_____|_____

다른 사람들과 더 가까워지기 위해 나에게 필요한 변화는?
그 변화가 네가 원하는 것과 같다면, 그 이유는?
만약 같지 않다면, 그 이유는?

date

나를 가장 많이 생각나게 하는 노래는? (결혼식 축가 제외)

R

date

미래에 조건에 따라 자동으로 기능이 조절되는 나노섬유 옷 한 벌만 입는 시대가 온다면, 편리함과 옷으로 개성을 표현하던 것에 대한 그리움 중 어떤 감정을 더 크게 느낄까?

date

가족이 가진 현재나 과거의 가장 어두운 비밀이 있다면?

date

네가 숨을 거두는 순간 하고 싶은, 진심으로 믿는 말은?
그게 너에게 어떤 의미인지?

나를 가장 많이 떠오르게 하는 물건 세 가지 꼽기.

나에게 좋은 영향력을 가장 크게 미친 사람에게 네가 편지를
쓴다면, 누구에게, 어떤 내용으로 보낼 건지?

date

둘이 함께 어떤 세계 기록을 세운다면,
어떤 종류의 일로 가능할까?
(손잡기, 키스, 웃기, 새로운(신기한) 음식 맛보기, 껴안기 등)

G

date

작년 12월 31일부터 지금까지,
스스로 얼마나 성장 혹은 달라졌다고 생각하는지 말하기.

가장 좋아하는 사람들을 모두 한 방에 모을 수 있다면,
어떤 사람들과 어떤 시간을 보낼지 말하기.
(살아 있는 사람이든 죽은 사람이든 관계없음.)

다양한 사람들의 관점을 공격적이지 않은 방식으로 받아들이려면
어떤 정신적 성장이 필요할까?

B

date

연락이 끊겼지만 진심으로 아끼는 오랜 친구에게
진실한 마음을 담아 연락을 한다면, 하고 싶은 말은?

B

date

내가 다른 사람에게 너를 자랑할 때, 가장 기분 좋을 말은?

(G)

date

_____|_____|_____

나에게 정말 말하기 힘든 비밀이 있는지?
(네 혹은 아니오로 대답해도 됨.)

(B)

date

_____|_____|_____

우리가 동의한다고 확신하는 미래의 비전 한 가지를 꼽는다면?

date
_____|_____|_____

우리가 함께 나이를 먹는다면, 가장 좋은 삶을 살 수 있는 장소는?
그때 우리는 어떤 일을 하고 있을까?

date
_____|_____|_____

나의 가장 친한 친구에게 고맙게 생각하는 점과 그 이유는?

유아기나 청소년기에 학교 운동장 혹은 복도에서 너를 도와줬던
사람이 있다면? 만약 아무도 도와주지 않았다면 다른 사람들이
무시하거나 괴롭히는 등 사회적으로 소외된 힘든 순간에
어떻게 대처했는지?

살면서 한 가장 어리석은 일 말하기.

R

date

열기구를 타고 있는데 바람이 새기 시작한다면,
우리가 떨어지는 순간 내가 너나 우리에 대해 아직 모르는 것 중
꼭 알았으면 하는 것은?

G

date

나만의 독특하고 미묘한 '행복 신호'는? 혹은 마음이 편안한 상태
라는 것을 보여주는, 거의 알아채지 못할 정도의 신호가 있다면?

date

지금도 용서하기 힘든 사람이 있다면?

date

우리가 공유하는 기억 중 둘 다에게 큰 의미가 있는 기억은?

⊙ G

date

———————— | ———— | ————————

평소에 내가 너에게만 해 주는, 다른 사람들은 잘 모르는 것
세 가지를 꼽는다면?

⊙ Y

date

———————— | ———— | ————————

내가 일주일 동안 매일 편지(메시지, 이메일 뭐든)를 써 준다면,
어떤 기분이 들까? (좋음 vs 불편함)

G

date

_____|_____|_____

요즘 내가 가장 좋아하는 음식은?

Y

date

_____|_____|_____

나에게 네가 치유해 주고 싶은 감정적 상처가 있다고 느끼는지?

186

date

'인간'이라는 것 때문에 힘든 점이 있다면?

date

지난 몇 년 동안, '재미'에 대한 너의 생각에 달라진 점이 있는지?

우리 가족을 처음 만났을 때의 기분은? (만난 적 없다면 상상하기)

나를 처음으로 연애 대상으로 보기 시작한 때는?

G

date

우리가 처음 만났던 날, 내가 입었던 옷과 옷에 대한 인상
(첫 데이트 때 입었던 옷도 괜찮음)

Y

date

가장 큰 금전적 실수는? 그 실수에 긍정적인 면이 있다면?

소중한(했던) 사람에게서 받은 물건을 버리고
나중에 가지고 있을 걸 그랬다고 후회한 적이 있다면, 이유는?
반대로, 버릴 수 있거나 버려야 했을 물건 중
아직도 가지고 있는 것이 있다면?

가장 좋아하는 가족과 가장 불편한 가족 꼽기.

date

잘 지내기 어렵지만 중요한 사람과 계속 관계를 유지하는 일은
장점이 더 클까 단점이 더 클까?

date

어머니나 아버지(혹은 그런 존재)의 얼굴을 그린다면
제일 강조할 부분은?

date

우리 혹은 너의 동네에서 가장 필요한 사업을 꼽는다면?
그 사업이 실행되면 삶의 질은 어떻게 달라질까?

date

우리가 함께 겪은 일 중, 당시에는 별로였지만 지금 생각해보면
아주 재미있는 일을 꼽는다면? 왜 지금은 재밌어 보일까?

B

date

_____|_____|_____

전 세계 수백만 명이 시청하고, 그 사람들에게 긍정적 영향력을
발휘할 다큐멘터리를 만든다면, 어떤 주제를 다루어야 할까?

R

date

_____|_____|_____

우리가 하루 동안 서로 루틴을 바꾼다면, 내 루틴 중 제일 마음에
드는 것은? 반대로 가장 힘들 것 같은 부분은?

date

인생에서 가장 힘든 장면 중 하나를 새롭게 다시 쓸 수 있다면,
어떤 결말일까? 이미 다시 썼다면,
인생에서 가장 행복한 장은 어떻게 시작할까?

date

가장무도회에서 익명으로 만난다면, 나를 알아볼 만한
특이한 몸짓이나 표정, 습관, 버릇이 있을까?

date

_____|_____|_____

내가 했던 말이나 행동 중 가장 좋았던 것.

date

_____|_____|_____

현재 겪고 있는 문제 중, 포기하고 수용함으로써 '고칠' 수 있는
문제가 있을까? 만약 그렇게 문제가 해결된다면 어떤 느낌일까?

date

_____ | _____ | _____

관계에서 서로를 기쁘게 하는 것과 나 자신에게 진실하고
충실하려는 노력 사이의 균형은 어디에서 잡아야 할까?

date

_____ | _____ | _____

만약 내가 네 이름을 새로 지어 준다면,
이름은 _____로 지을 것이며 이유는 _____ 이다.

Life's Greatest Happiness is to be convinced we are loved

인생에서 최고의 행복은 우리가 사랑받는다는 확신이다.

– 빅토르 위고

맺는말

여러분은 이 책을 여행하며 서로 많은 질문을 주고받았습니다. 서로의 과거를 들여다보고, 서로의 현재 입장에서 복잡한 부분을 이해했으며, 미래를 보았습니다. 서로를 되돌아보고, 귀 기울이고, 나누고, 이해하며, 고민하고, 어쩌면 흔히 무시하거나 비밀로 남기거나 아예 피해버렸을 자신의 모습을 드러내는 위험을 감수하기도 했을 것입니다. 때로는 더 깊은 감정적이고 심리적인 흐름에 발을 담그거나 어쩌면 아예 빠져들었을지도 모릅니다.

이 장에 도달했다는 건 여러분이 커플로서 두 사람의 관계를 우선시하게 되었다는 의미입니다. 이 책은 단순히 그동안의 **사랑의 의식(Love Ritual)**을 기록한 것이 아니라 더 깊은 관계를 위한 당신의 의지를 보여주는 것입니다.

여러분은 함께 고민하고 자신을 드러내고 살피며 즐겼습니다. 이제 다음 다섯 가지 질문을 생각해보면서 '우리의 여정'을 마무리해 보세요.

1. 이 여정에서 자기 자신에 대해 알게 된 가장 중요한 것은?

2. 나에 대해 안 것 중 가장 기억에 남는 것은?

3. 나와 이 여정을 함께 하면서 극복한 어려움은?

4. 『우리의 일 년』을 통해 나눈 문답들이 자기 자신과 나, 그리고 우리의 관계를 바라보는 시각에 미친 영향은?

5. 지난 시간 동안 서로에게 어떤 변화가 일어났을까?

커플 다이어리:
어느 평범한 사랑 이야기

초판 1쇄 인쇄 2024년 4월 9일
초판 1쇄 발행 2024년 4월 25일

지은이 알리시아 무뇨즈
옮긴이 김보미
펴낸이 이범상
펴낸곳 (주)비전비엔피 · 애플북스

책임편집 한윤지
기획편집 차재호 김승희 김혜경 박성아 신은정
디자인 김혜림 최원영 이민선
마케팅 이성호 이병준 문세희
전자책 김성화 김희정 안상희 김낙기
관리 이다정

주소 우) 04034 서울특별시 마포구 잔다리로7길 12 (서교동)
전화 02) 338-2411 | **팩스** 02) 338-2413
홈페이지 www.visionbp.co.kr
인스타그램 www.instagram.com/visionbnp
포스트 post.naver.com/visioncorea
이메일 visioncorea@naver.com
원고투고 editor@visionbp.co.kr

등록번호 제313-2007-000012호

ISBN 979-11-92641-28-7 03190